Das Bildwörterbuch

für Kinder, die mehr wissen wollen

EGMONT PESTALOZZI VERLAG, MÜNCHEN

Weizenfeld und Wegrand

der Weizen

die Zwergmaus

der Klatschmohn

die Kornblume

der Rosskäfer

die Königskerze

die Acker-Winde

die Feldmaus

die Kornweihe

die Echte Kamille

der Raps

die Kornrade

die Feldlerche

die Wegwarte

die
Feld-
heuschrecke

der Feldhamster

die Vogel-Wicke

die Rebhühner

der
Breit-
Wegerich

See
im Sommer

die Stockenten

die Königslibelle

der Teichfrosch

die Seerose

die Post-
horn-
schnecke

der Rohrkolben

das Blässhuhn

das Schwimmende Laichkraut

das Pfeilkraut

der Wasserläufer

die Dotterblume

die Gelbe Schwertlilie

das Schilfrohr

die Rohrdommel

die Stichlinge

die Wasserspinne

der Kammmolch

die Wasserlinsen

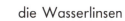
der Graureiher

Mischwald im Frühling

der Efeu

der Waldkauz

die Kohlmeise

der Farn

der Dachs

die Waldschnepfe

die Rötelmaus

das Ameisennest

das Maiglöckchen

der Aronstab

der Kuckuck

der Eichelhäher

der Baummarder

die Frischlinge

das Goldhähnchen

der Haselstrauch

11

Fluss im Sommer

die Erle

der Eisvogel

die Wasserspitzmaus

das Rotauge

die Ringelnatter

das Wasser-Ehrenpreis

der Otter

der Flussbarsch

die Wasserfledermaus

der Höckerschwan

12

die Wasserratte

der Pirol

die Silberweide

die Beutelmeise

der Kormoran

die Bisamratte

der Flussregenpfeifer

der Flusskrebs

der Hecht

die Binsen

13

Wiese im Sommer

das Kaninchen

das Tagpfauenauge

der Regenwurm

die Margerite

der Marienkäfer

die Flocken-
blume

die
Heuschrecke

der Rotklee

der Weißklee

der
Schwalbenschwanz

14

der Baumweißling

der Sauerampfer

die Biene

die Schafgarbe

der Hase

die
Wilde
Möhre

der Maulwurf

der Löwenzahn

die Fasane

der Bläuling

Hecke im Frühling

der Weißdorn

die Heckenrose

der Faulbaum

die Zaunrübe

die Knoblauchsranke

die Sternmiere

das Veilchen

die Brennnessel

die Taubnessel

16

der Igel

Raupe des Baumweißlings

die Dorngrasmücke

der Buchfink

die Heckenbraunelle

die Klette

die Drossel

das Tagpfauenauge

der Zaunkönig

die Schwanz-meise

17

Lichtung im Sommer

der Mistkäfer

der Habicht

die Hummel

der Türkenbund

18

die Nachtigall

die Spitzmaus

die Walderdbeere

die Glockenblume

der Fuchs

der Fingerhut

der Waldkauz

die Rehkitze

das Wiesel

der Kaisermantel

Gebirge im Sommer

der Steinadler

der Mauerläufer

das Edelweiß

die Alpenkrähe

der Alpensteinbock

der Enzian

die Gämse

der Schneehase

der Auerhahn

die Latschenkiefer

das Stängellose Leimkraut

die Alpendohle

die Alpenrose

das Hermelin

die Wasseramsel

der Alpensalamander

der Apollofalter

das Murmeltier

das Schnee-huhn

21

Meer und Strand im Sommer

der Köderwurm

die Lachmöwe

der Seeigel

die Seerose

das Seepferdchen

der Taschen-
krebs

die Robbe

der Seestern

der Tintenfisch

der Blasentang

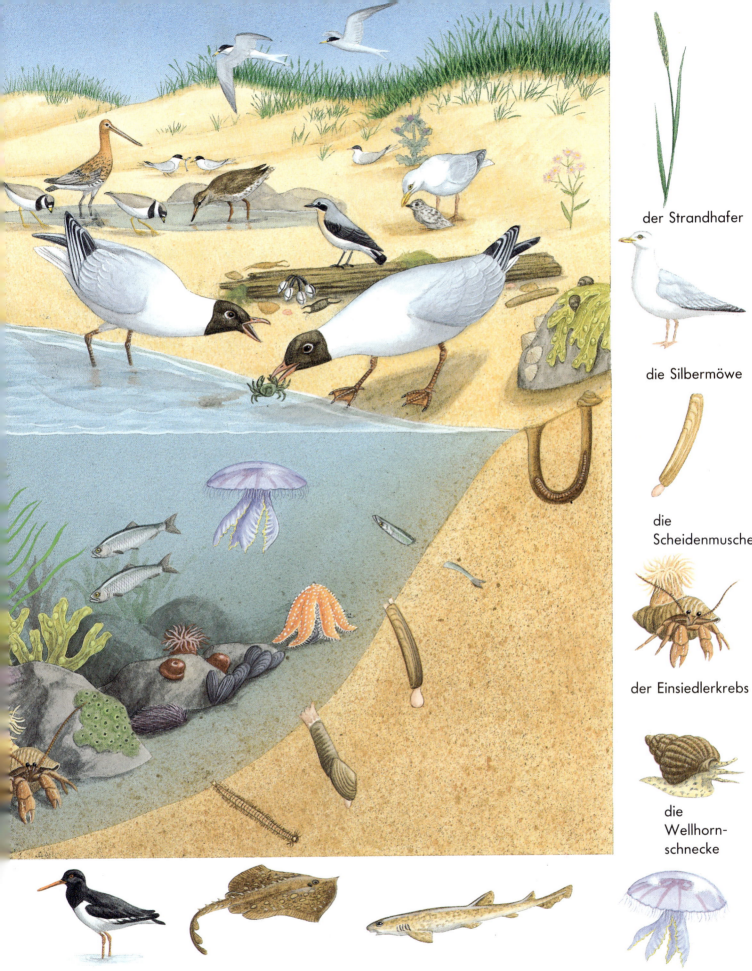

der Strandhafer

die Silbermöwe

die
Scheidenmuschel

der Einsiedlerkrebs

die
Wellhorn-
schnecke

die Ohrenqualle

der Austernfischer

der Stachelrochen

der Katzenhai

23

Laubwald im Herbst

die Flechte

der
Große Buntspecht

der Fliegenpilz

der Gallapfel

24   die Eberesche

die Fledermaus

das
Geweih des Rehbocks

der Hallimasch

die Mistel

der Kleiber

der Steinpilz

der Knollenblätterpilz

der Hirsch

der Keiler

der Kobel

die Waldmaus

Auf dem Bauernhof

der Silo

die Tränke

die Hundehütte

die Truthenne

die Hündin und der Welpe

der Pfau

die Taube

26

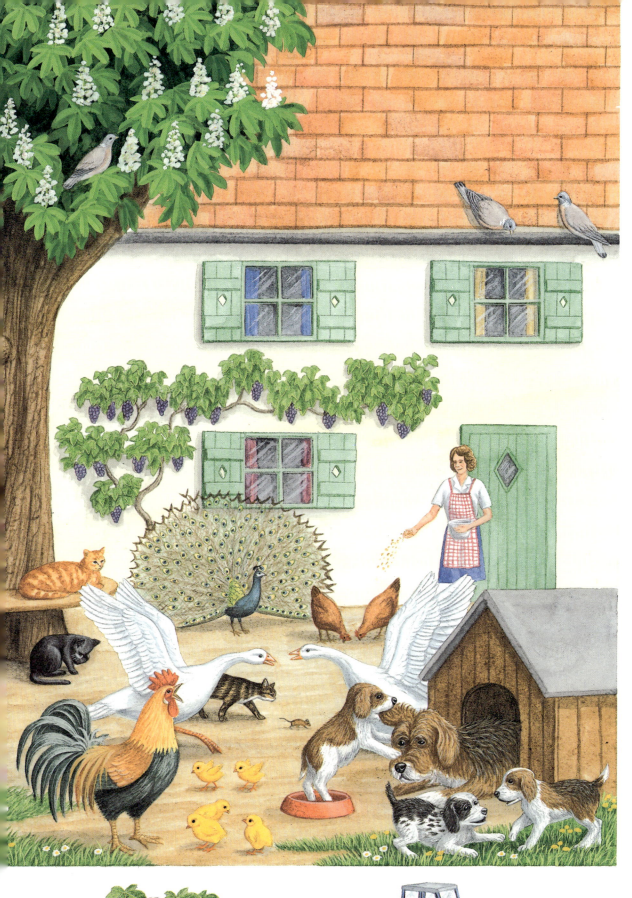

der
Kastanienbaum

die Bäuerin

der Hahn

der Truthahn

die Weintraube

der Traktor

der Napf 27

Pferdekoppel und Felder

das Eichhörnchen

die Krähe

die Stute

das Fohlen

der Sack
mit Saatgut

der Igel

der Stallmiststreuer

die Elster

die Zauneidechse

28

der Höckerschwan

die Schlüsselblume

die Gans

der Raps

die Egge

die Sämaschine

der Teichfrosch

die Walze

der Fuchs

Teich und Obstgarten

der Kirschbaum

der Star

die Leiter

die Stockente
mit Küken

die Angelrute

der Otter

der Rohrkolben

der Storch

das Mähwerk

das Blässhuhn

das Entenhaus

die Königslibelle

der Korb
mit Kirschen

die Ziege

das Zicklein

die Seerose

der Karpfen

die Teichrose

der Kescher

der Kahn

Hühnerhof und Garten

der Taubenschlag

der Birnbaum

die Henne mit Küken

das Johannisbeer-
bäumchen

die Schnecke

die Zwiebel

das Förderband

die Blumentöpfe

die Wespe

der Fressnapf

der Ladewagen

der Zwetschenbaum

die Pumpe

der Kohlkopf

die Sonnenblume

der Hühnerstall   das Hühnernest   die Hummel   das Stachelbeerbäumchen

Scheune

die Eule

die Sense

die Katze

der Heuwender

die Fledermaus

der Obstpflücker

der Strohballen

34

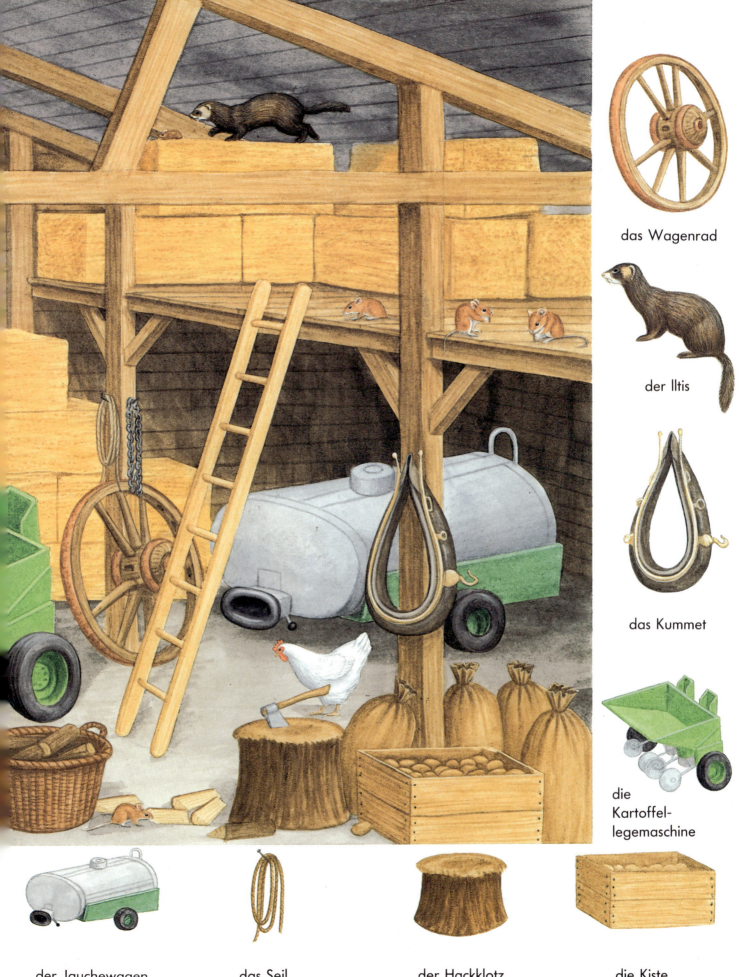

das Wagenrad

der Iltis

das Kummet

die Kartoffel-legemaschine

der Jauchewagen

das Seil

der Hackklotz

die Kiste

Gemüsebeet und Geräteschuppen

das Stallkaninchen

der Rechen

der Esel

das geschnittene Gras

der Kohlrabi

das Meerschweinchen

die Gartenschere

die Schwalbe

der Marienkäfer

der Spaten

der Geräteschuppen

der Schlauchwagen

die Tomatenpflanze

das Bienenhaus

die Spitzmaus

die Biene

die Sichel

die Gurken

die Gießkanne

Weide und Weizenernte

der Mähdrescher

das Strohrad

der Fasan

die Heuschrecke

der Weizen

die Kornblume

der Maulwurf

der Ladewagen

der Feldhamster

der Habicht

die Ballenpresse

das Tagpfauenauge

das Kaninchen

das Rebhuhn

der Klatschmohn

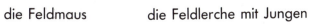

der Wassertank   die Feldmaus   die Feldlerche mit Jungen

Kuhstall und Maisernte

die Kuh

das Kalb

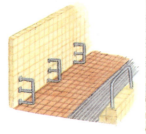

der Melkstand

der Kraftfutterautomat

der Kälbereimer

der Handwagen

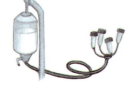

die Melkmaschine

der Grubber

der Kompost

die Amsel

der Maiskolben

der Milchtankwagen

der Bauer

die Mistgabel

das Ochsengeschirr

das Halsband mit Sender

das Maisgebiss

41

Schweinestall und Kartoffelernte

die Walnuss

der Nussbaum

der Schäfer

der Pflug

das Schwein

der Trog

das Ferkel

42

das Dorf

die Kartoffelpflanze

die Kartoffelsäcke

das Schaf mit Lamm

die Milchflasche

der Efeu

der Hase

die Kartoffelerntemaschine

Wald

der Bauernhof

der Sattel

der Holzstoß

der Eichelhäher

der Biber

die Forelle

die Säge

die Pilze

44

das Reh

der Buntspecht

der Marder

die Ladegabel

das Wiesel

die Axt

das Wildschwein

die Motorsäge

der Baumstumpf

45

Am Fluss

die Bank

das Paddel

der Traktor

die Katze

das Fahrrad

das Schaufenster

das Auto

der Wasserball

die Lokomotive

der Tunnel

der Baum

der Kinderwagen

die Taube

der Sonnenschirm

das Haus

der Hund

der Lastwagen

das
Ruderboot

47

Auf dem Markt

die Ananas

die Blumen

die Weintrauben

der Hummer

die Marktfrau

die Fische

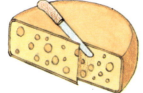

der Käse

die Tauben

der Karton

der Schinken

das Brot

die Rosen

die Maiskolben

die Bananen

die Waage

die Eier

die Birnen

die Suppenschüssel

der Sonnenschirm

49

das Auto

der Kinderwagen

das Kanalrohr

der Ranzen

der Radfahrer

Auf der Straße

der Kran

die Absperrung

der Tanklastwagen

50

der Fensterputzer

die Zapfsäule

der Bauarbeiter

der Motorradfahrer

der Omnibus

der Abschleppwagen

der Kipplastwagen

51

der Pfau

der Löwe

der Flamingo

die Ente

der Pinguin

der Elefant

Im Zoo

das Nashorn

der Tiger

der Eisbär

der Geier

der Seelöwe

der Strauß

der Steinbock

die Giraffe

das Nilpferd

das Zebra

53

Im Kinderzimmer

das Kleid

die Lampe

der Stuhl

der Lampion

der Kasper

der Puppenwagen

das Springseil

der Tisch

das Schaukelpferd

54

der Drachen

der Blumenstock

die Murmeln

das Kopfkissen

der Wecker

die Schuhe

die Mütze

der Teppich

das Bett

55

das Nest

der Zaun

das Kaninchen

der Eimer

der Besen

der Spaten

der Rasenmäher

die Schubkarre

das Dreirad

die Katze

der Kompost

56

Im Garten

die Schaukel

der Salat

die Regentonne

der Obstkorb

die Leiter

der Sandkasten

die Maus

die Harke

der Gemüsekorb

57

der Aufsichtsbeamte

der Gepäckwagen

die Zeitung

der Rucksack

der Koffer

Auf dem Bahnhof

16.52 D4€
Hamburg
Kiel

Reisegepäck

Reiseproviant

Auskunft

Abfahrt   Ankunft

58   die Elektrolok   die Abfalltonne   die Weiche   der Spazierstock   die Bockwurst mit Brötchen

16.54 F1 Nurnberg

16.07 E33 Lesum West

die Bahnhofsuhr

die Reisetasche

das Signal

der Hut

Fahrkarten

der Fahrkarten-schalter

der Personenwagen

Fahrkarten

Zu den Zügen

Bücher · Zeitungen

der Regenschirm

der Postsack

Abfahrt Ankunft

der Fahrplan

der Elektrokarren

59

der Bauer

das Schwein

der Anhänger

der Brunnen

die Gießkanne

der Hahn

der Kürbis

die Gänse

das Pferd

Auf dem Land

der Holzstapel

der Storch

das Windrad

die Kuh

die Bäuerin

die Schafe

der Traktor

der Backofen

der Silo

der Mähdrescher das Kalb die Mistgabel der Schornstein der Bach

61

die Trommel

die Lokomotive

die Säge

der Kreisel

der Teddybär

die Puppe

Im Spielzeugladen

das Kanu

das Krokodil

das Flugzeug

die Marionette

der Ritter

das Bilderbuch

die Trompete

der Affe

der Ball

die Planierraupe

das Feuerwehrauto

der Dampfer

63

Wohnhaus

die Tür

das Treppengeländer

die Schaufel

der Spiegel

das Waschbecken

die Waschmaschine

die Äpfel

das Telefon

die Kuchenform

das Fahrrad

64

die Bretter

der Sessel

der Fernseher

das Fenster

der Herd

der Kochtopf

der Autoreifen

die Badewanne

das Bild

das Handtuch

65

der Sonnenschirm

der Pflastermaler

die Sprech- und Klingelanlage

die Straßenlaterne

der Abfallbehälter

der Radfahrer

das Schaufenster

das Taxi

die Schüler

die Parkuhr

das Papierflugzeug

die Ampel

der Hund

der Eisbecher

die Uhr

das Lastauto

der Motorroller mit Fahrer

der Radlader

der Blumen-kasten

IM GARTEN

der Salatkopf

der Komposthaufen

der Tomatenstock

die Sonnenblume

die Gießkanne

der Spaten

der Rechen

68

der Nistkasten

die Katze

die Regentonne

das Kaninchen

die Zwiebel

der Igel

der Gartenschlauch

das Vogelnest

der Obstkorb

69

die Tragetüte

der Luftballon

der Teddybär

der Hampelmann

der Klebstoff

die Zeitschrift

die Registrierkasse   das Geschenkpapier   der Lampion   die Schachtel   das Puzzl

der Drachen

die Pinsel

der Aktenordner

das Bilderbuch

das Windrad

das Krokodil

der Ball

das Heft

der Igel

die Aufkleber (Sticker)

der Schulranzen

71

TANKSTELLE

das Diagnosegerät AU

der Wascheimer

die Zapfsäule mit Zapfhähnen

der Feuerlöscher

der Abfallbehälter

Benzin bleifrei

Super verbleit

Super bleifrei

Super plus

das Mofa

das Rollbrett

der Auspufftopf

der Kanister

die Batterie

LUFT W

der Werkzeugwagen

der Zweitaktgemisch-behälter

der Motorradhelm

die Hebebühne

der Scheibenreiniger   die Registrierkasse   das Auto   der Reifendruckprüfer

73

Tanker

Schlepper

Trosse

Leuchtturm

Schwimm-bagger

Tragflächenboot

Eimer-kette

Luftkissenfahrzeug

Container-schiff

Dockkran

Mast

Boje

Lade-geschirr

Kai

Dock

Schiffsrumpf

Kühlwagen

Radar-antenne

Gang-way

Ausguck

Küstenwache

Poller

Möwen

Lüfter

Spiel-und Sportdeck

Dusche

Kapitäns-kajüte

Schwimmbad

Schläfer

Kommandobrücke

WC

Taucherin

Koje

Zweibett-kabine

Bar

Ballsaal

Luxus-kabine

Luxus-kabine

Flur

Passagierdampfer

White D.

Kabine

Kabine

Laden

Anker-kette

Bullaugen

Ladebrücke

Kran

Lager-
halle

Rolltor

Container

XJ 310

Schorn-
stein

Kran-
bahn

Gabelstapler

Rettungsboot

Reling

Steuerhaus

**Auto-
fähre**

Reling

Fischkutter

Auto

Poller

Auto-
deck

Matrose

Auffahr-
rampe

Auto

Motor-
rad

Reisender

Fisch-
stand

Vorderdeck

**Ruder-
boot**

Kai

Kaimauer

Motorboot

Schlepper

Tragflächenboot

Fischkutter

Containerschiff

Der **Schlepper** hat einen starken Motor. Er bugsiert große Schiffe im engen Hafen an ihren Anlegeplatz und schleppt sie später wieder aufs offene Meer hinaus.

Das **Tragflächenboot** ist ein Motorboot zur Personenbeförderung. Es besitzt Unterwasser-Metalltragflächen (-flügel). Sie heben das Boot bei schneller Fahrt aus dem Wasser und verringern so den Wasserwiderstand. Dadurch erreicht es Geschwindigkeiten von etwa 100 Stundenkilometern.

Mit dem **Fischkutter** fahren die Fischer zum Fischfang aufs Meer hinaus.

Das **Containerschiff** befördert bunte Container mit Gütern. Sie sind alle gleich groß und lassen sich darum gut stapeln. Das Be- und Entladen geschieht mit großen Kränen und geht ziemlich schnell. Oft werden die Container vom Schiff direkt auf Güterwaggons gehievt. Manche Containerschiffe sind länger als 250 Meter.

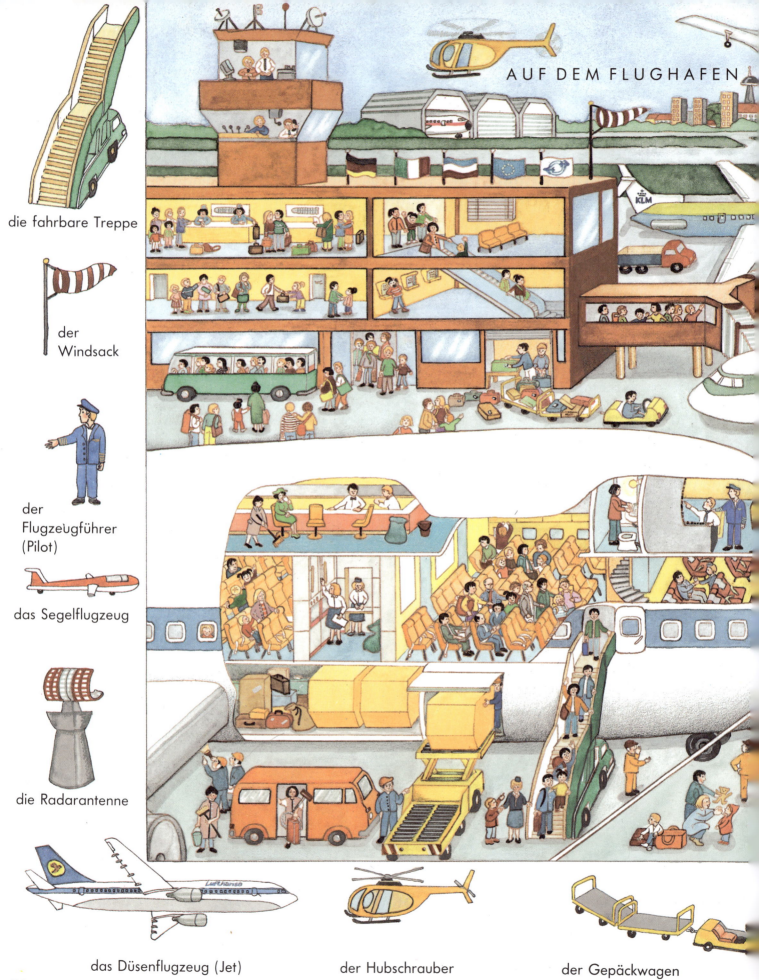

die fahrbare Treppe

der Windsack

der Flugzeugführer (Pilot)

das Segelflugzeug

die Radarantenne

AUF DEM FLUGHAFEN

das Düsenflugzeug (Jet)

der Hubschrauber

der Gepäckwagen

76

die Rolltreppe

der Tankwagen

die Stewardess

der Kontrollturm (Tower)

das Bodenstromgerät

das Überschallflugzeug (Concorde)

der Bus

die Fluggastbrücke

IM FREIZEITPARK

das Hexenhaus

der Rutschteppich

die
Papageienstange

das Kettenkarussell

die Lokomotive   das Pony   das Tretboot   die Ziege

die Blockhütte

der Clown

die Schaukel

der Cowboy

die Eistüte

der Esel

der Luftballon

der Affe

das Wildwasserkanu

Sonnenschein empfinden wir als angenehm, denn die Sonne gibt uns Licht und Wärme. Vor der starken Sommersonne müssen sich Leute mit empfindlicher Haut schützen, sonst bekommen sie einen Sonnenbrand.

Wenn die Sonne scheint, gibt es immer auch Schatten. Grüne Pflanzen brauchen das Sonnenlicht, um Blattgrün bilden zu können.

Wind ist eine spürbare Bewegung der Luft. Er reicht von leichter Brise über stürmischen Wind bis zum Orkan. Die Windstärke wird mit einer Skala von 1 bis 12 gemessen.

Bei **Gewitter** entlädt sich große elektrische Spannung in einem riesigen Funken. Die Luft entlang dem Blitz wird heiß und dehnt sich so schnell aus, dass es den Donnerschlag tut.

Warum regnet es? Eine Wolke besteht aus winzigen sichtbaren Wassertröpfchen. Wenn diese sich zu großen Tropfen vereinigen und zu schwer werden, fallen sie als **Regen** zur Erde. Scheint dabei die Sonne, so kannst du

einen **Regenbogen** sehen. Wie entsteht er? Das Sonnenlicht besteht aus sechs Farben, die wir nicht sehen können. Wenn es aber im Regentropfen gebrochen wird, werden sie als die Farben des Regenbogens sichtbar.

Steigt warme, feuchte Luft sehr schnell auf, gefrieren ihre Wassertröpfchen in mehreren Schichten zu Eiskörnern. Sie fallen als **Hagel** auf die Erde, sobald sie zu schwer sind.

Wenn der in der Luft enthaltene Wasserdampf abkühlt, bildet er Tröpfchen. Sie sind sichtbar, aber so leicht, dass sie schweben.
Wir sprechen dann von **Nebel**.

Wind kann warm oder kalt, leicht oder stark sein. Erreicht er auf der Beaufort-Skala Stärke 8, spricht man von stürmischem Wind. Spazierengehen ist kaum noch möglich.

Ab Stärke 9, das heißt ab einer Windgeschwindigkeit von 72 km/h, ist **Sturm**. Er richtet Schäden in der Natur und an Gebäuden an. Der stärkste Sturm überhaupt heißt Orkan.

Wie kommt es zu den sternförmigen **Schnee**flocken? Wenn die Temperatur der Luft hoch oben unter null Grad sinkt, wird der aufsteigende Wasserdampf zu Eis. Die Wolken bestehen dann aus winzigen Eiskristallen

und nicht mehr aus Tröpfchen. Diese Kristalle wachsen und fallen schließlich zu Boden.
Jede Schneeflocke hat ein anderes Muster, aber alle sind sechseckig. Schnee ist also kein gefrorener Regen.

FISCHE

der Karpfen

der Piranha

die Bachforelle

der Hecht

der Rochen

der Goldbarsch

der Sägefisch

der Laternenfisch

der Blauhai

das Seepferdchen

1. Wahl des Nistplatzes

2. Nestbau durch das Stichling-Männchen

3. Laichen des Weibchens

4. Bewachen der Jungfische

Brutpflege beim Dreistachligen Stichling

WIRBELLOSE TIERE

die Flussmuschel

der Flusskrebs

die Weinberg-schnecke

die Kreuzspinne

DINOSAURIER

Lange bevor es Menschen auf der Erde gab, lebten hier urzeitliche Riesenechsen. Das liegt viele Millionen Jahre zurück. Dennoch wissen wir ziemlich genau, wie sie aussahen und wie sie lebten. Man hat nämlich gut erhaltene Skelette und versteinerte Tiere ausgegraben. Im Altmühltal wurde sogar der erste Urvogel mit Federn im Gestein entdeckt. Die etwa 500 Dinosaurier-Arten lebten an Land oder im Wasser. Einige konnten durch die Lüfte gleiten. Wir wissen genau, dass sich der riesige Brontosaurus von Pflanzen ernährte, der Tyrannosaurus aber ein gefürchtetes Raubtier war. Wie die Dinosaurier umgekommen sind, ist noch nicht ganz geklärt.

Pteranodon
(Flugsaurier)
Flügelspannweite 8 m
Kopflänge etwa 2 m

Archäopteryx
(Urvogel)
30 cm groß
0,5 kg schwer

Triceratops
(Dreihornsaurier)
10 m lang, 6 t schwer

Tyrannosaurus
(Tyrannenechse)
12 m lang
6 m hoch
Zahnlänge
15 cm

Stegosaurus
(Lederlappen-
saurier)
m lang, 3,5 m hoch
2–3 t schwer

Brontosaurus (Donnerechse)
15—20 m lang, 30—50 t schwer
Vermehrung durch Eier

Ankylosaurus
(Panzersaurier)
5 m lang

Compsognathus
(Vogelsaurier)
60 cm
lang

VÖGEL

der Kolibri

die Henne

der Pfau

der Uhu

der Kondor

der Storch

der Strauß

der Ara

der Kaiserpinguin

6. Bruttag

12. Bruttag

21. Bruttag

ausgeschlüpftes Küken

der Eisvogel

der Höckerschwan

Vom Hühnerei zum Küken

84

INSEKTEN

REPTILIEN

AMPHIBIEN

die Königslibelle

der Marienkäfer

die Honigbiene

der Schwalbenschwanz

die Hummel

die Ameise

die Hausgrille (Heimchen)

der Hirschkäfer

die Kreuzotter

das Krokodil

die Eidechse

die Riesenschildkröte

der Bergmolch

der Wasserfrosch

der Feuersalamander

1. Eier des Schwalben-schwanzes

2. Raupe

3. Puppe

4. Schwalbenschwanz

Vom Ei zum Schmetterling

1. Froscheier (Laich)

2. Kaulquappen

3. Kaulquappe mit Beinen

4. Fröschlein

Vom Laich zum Frosch

85

der Blauwal

die Fledermaus

die Haselmaus

der Schimpanse

das Zebra

der Biber

der Wolf

der Elch

die Giraffe

das Walross

der Braunbär

das
Känguru

der
Königstiger

das Trampeltier

der
Koalabär

das Stachelschwein

der Afrikanische Elefant

87

Im **Frühling** sprießen aus Knospen Blüten und Blätter. Davor steigen die Säfte der Pflanzen aus den Wurzeln bis hinauf in die feinsten Zweige. Tiere erwachen aus ihrem Winterschlaf. Vögel fangen an, Nester zu bauen, Zugvögel kommen aus den wärmeren Ländern zurück. Schmetterlinge, die überwintert haben, besuchen die ersten Blüten.

Im **Sommer** sind die Wiesen übersät mit bunten Blumen.
Viele Obst- und Gemüsesorten reifen in den Gärten und das Getreide auf den Feldern ist erntereif. Einige Tiere leiden unter der Hitze und suchen Kühlung im Schatten oder im Wasser. Vögel sind nur morgens und abends zu hören.

Im **Herbst** sammeln sich die Zugvögel und fliegen in wärmere Gebiete zum Überwintern. Beeren, Pilze, Nüsse und andere Früchte reifen. So finden die Winterschläfer unter den Tieren genug Nahrung, um sich eine Fettschicht anzufressen. Andere, z. B. Eichhörnchen, Maulwürfe und Hamster, sammeln Vorräte. Die Blätter der Laubbäume färben sich bunt.

Im **Winter** ruht die Natur. Die Laubbäume haben ihre Blätter verloren. Viele Tiere tragen nun ein dichteres Fell, das sie vor der Kälte schützt. Frösche und Molche überwintern im schlammigen Grund des Teiches, Fische halten sich in einer Wassertiefe auf, wo sie vor Frost sicher sind. Wenn Schnee fällt, wird die Nahrung der Tiere knapper. Dann hilft der Mensch durch Füttern.

Stichwortverzeichnis

Inhaltsverzeichnis